글 김은의

어린이들이 행복한 세상을 꿈꾸며 어린이책을 쓰는 작가입니다.
《상상력 천재 기찬이》로 푸른문학상, 《놀이의 영웅》으로 송순문학상, 동화 작가들이 모여 만든
'날개달린연필'에서 기획한 《명탐정, 세계 기록 유산을 구하라!》로 창비 '좋은 어린이책' 기획 부문 대상을 수상했습니다.
쓴 책으로 《비굴이 아니라 굴비옵니다》, 《막막골 훈장님의 한글 정복기》, 《이럴 땐 어떻게 말할까?》,
《바나나가 정말 없어진다고?》 등이 있습니다.

그림 김진혁

만화와 영화를 좋아하는 그림 작가입니다. 그동안 웹툰과 독립출판 만화를 그렸습니다.
《빅뱅 여행을 시작해!》, 《우리는 물이야》 등 어린이책에도 그림을 그렸습니다.
재미있는 이야기에 관심이 많고, 새롭고 다양한 만화를 꾸준히 그리는 것이 목표입니다.

감수 최경봉

고려대학교에서 국어학을 공부했고, 원광대학교에서 국어학을 가르치고 있습니다.
지은 책으로 《우리말의 수수께끼》(공저), 《한국어가 사라진다면》(공저), 《한글에 대해 알아야 할 모든 것》(공저),
《우리말의 탄생》, 《한글 민주주의》, 《의미 따라 갈래지은 우리말 관용어 사전》, 《어휘 의미론》,
《교양 있는 10대를 위한 우리말 문법 이야기》, 《근대 국어학의 논리와 계보》,
《국어 선생님을 위한 문법 교육론》(공저), 《우리말 강화》 등이 있습니다.

돼지가 아니라고? 왜? 비교하며 배우는 우리말 맞춤법의 기초

초판 1쇄 발행 | 2020년 10월 30일

글쓴이 | 김은의
그린이 | 김진혁
감수자 | 최경봉

펴낸이 | 조미현
책임편집 | 황정원
편집진행 | 노정임
채색도움 | 백수현
디자인 | 토가 김선태

펴낸곳 | (주)현암사
등록 | 1951년 12월 24일 · 제10-126호
주소 | 04029 서울시 마포구 동교로12안길 35
전화 | 365-5051 · 팩스 | 313-2729
전자우편 | child@hyeonamsa.com
홈페이지 | www.hyeonamsa.com
페이스북 | www.facebook.com/hyeonami
블로그 | blog.naver.com/hyeonamsa
트위터 | twitter.com/hyeonami

ISBN 978-89-323-7516-8 73710

* 이 도서의 국립중앙도서관 출판예정도서목록(CIP)은 서지정보유통지원시스템
  홈페이지(http://seoji.nl.go.kr)와 국가자료공동목록시스템(http://www.nl.go.kr/kolisnet)에서
  이용하실 수 있습니다. (CIP제어번호: CIP2020042862)
* 이 책은 저작권법에 따라 보호를 받는 저작물이므로
  저작권자와 출판사의 허락 없이 이 책의 내용을 복제하거나 다른 용도로 쓸 수 없습니다.
* 책값은 뒤표지에 있습니다. 잘못된 책은 바꾸어 드립니다.
* 현암주니어는 (주)현암사의 아동 브랜드입니다.

제품명 도서	전화 02-365-5051
제조년월 2020년 10월	제조국명 대한민국
제조자명 (주)현암사	사용연령 8세 이상
주소 서울시 마포구 동교로12안길 35	

주의: 책 모서리에 부딪히거나 종이에 베이지 않도록 주의해 주세요.
· KC 마크는 이 제품이 공동안전기준에 적합하였음을 의미합니다.

비교하며 배우는 우리말 맞춤법의 기초

돼지가 아니라고?
왜?

김은의 글 | 김진혁 그림 | 최경봉 감수

현암
주니어

소해의 계획

"거의 다 왔어."

1단계 도서관에서 책을 고르고,

2단계 엄마한테 책을 사 달라고 전화하고,

3단계 저녁에 예쁘게 포장해서,

4단계 연우에게 생일 축하 편지를 쓰고,

5단계 내일 연우 생일 파티에 가는 거야.

"완벽해!"

소해는 책이라면 자신이 있었어요.
책이 어떻게 생겼는지 잘 알고 있어요.
앞표지에는 제목이 있고
지은이 이름이 있어요.
뒤표지에는 책값이랑 바코드가 있고요.
표지를 열고 책 속으로 들어가면
재미있는 이야기가 가득해요.
소해는 책을 통해 자랐어요.

소해는 표지부터 만들 거예요.

"모가 좋을까?"

제목을 정하려고 생각나는 말을 써 보았어요.

그런데 화면에 무언가 나타났어요!

"삐익!"
알 수 없는 소리가 나면서
빨간 밑줄이 나타났어요.
소해는 깜짝 놀랐어요.

소해는 조그맣게 "무엇이 좋을까?" 하고
말해 본 다음 고개를 끄덕였어요.
하지만 빨간 밑줄은 사라지지 않았어요.

처음 쓴 글자가 아까웠지만,
'모가'를 지우고 '무엇이'를 써넣었어요.
그제야 빨간 밑줄은 흔적도 없이 사라졌어요.

엄마한테 여쭤 봐야지. 우리 엄마는 책 만드는 편집자니까.

엄마! 맞춤법 설정 있……

엄마, 일하는 중~

글을 못 쓰고 있다고요!

소해 글 쓰고 있쪄요?

이거 끄는 법 알려 주세요.

비번을 까먹었어.

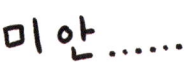
미안……

시간이 없다고요!

소해는 빨간 밑줄에게 잡히지 않고
글을 써 보기로 결심했어요.
첫 페이지를 쓰기 시작했습니다.

엥? 이번엔 두 개!

생일 축하해.
꼬치 좋을까 채기 좋을까 ……

타닥타닥

토독토독

어서 책을 만들고 싶은데 빨간 밑줄이 자꾸 방해했어요.
하지만 무시할 수 없었어요.
빨간 밑줄이 북북 그어진 책을
연우에게 줄 수는 없으니까요.
"이번에는
또 뭐가 문제람?"

"<u>꼬치</u>의 뜻을 알 수 없습니다.
무슨 꼬치입니까?
떡꼬치, 닭꼬치, 양꼬치……."

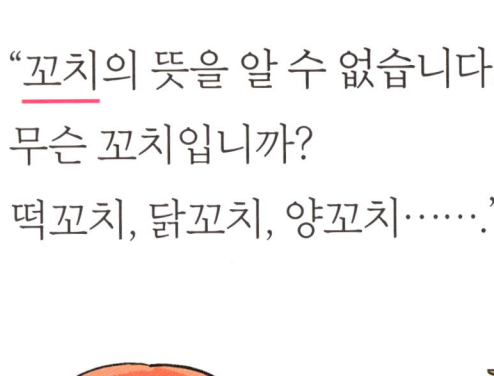

"그런 꼬치가 아니라
꽃이라고, 꽃!"
소해가 소리쳤지만
빨간 밑줄은 멈추지 않았어요.

"<u>채기</u>의 뜻도 알 수 없습니다.
어떤 채기입니까?
낚아채기, 감아 채기……."
"아이 참, 그런 뜻이 아니라
책이라고, 책!"

소해는 고개를
절레절레 흔들며
틀린 글자를 고쳤어요.

현 상 수 배

빨간 밑줄을 찾습니다.

날 방해하면 안 돼지!
나타나기만 해 봐.
휴지통에 넣어 버릴 거야.

히히, 이제 안 오겠지?

자박자박   도도도도도

화들짝~!

헉!

돼지

하지만 소해는 빨간 밑줄을 휴지통에 버릴 수 없었어요.
소해가 쓴 '돼지' 글자 밑에 딱 붙어 있었거든요.
"'돼지'가 아닙니다. 다시 쓰십시오."
"'돼지'가 아니라고? 왜?"

"꿀꿀 돼지입니까?"
"아니야!"
"꿀꿀 돼지가 아니라면
'되지'가 맞습니다."

글을 빨리 끝내고 그림도 그려야 하는데,
빨간 밑줄 때문에 진도가 안 나갔어요.
소해는 더 이상 빨간 밑줄의 말을 듣고 싶지 않았어요.
그러자 빨간 밑줄이 꿀꿀거리기 시작했어요.

**고치기 싫다고!
으윽,
시끄러워
빨간 돼지야.**

"꿀꿀, 꿀꿀꿀, 꿀꿀꿀꿀, 꿀꿀꿀꿀꿀."
소해는 꿀꿀 소리를 참을 수 없어서
'돼지'를 '되지'로 고쳤어요.
그제야 빨간 밑줄이 사라졌어요.

"휴우."
소해는 방법을 바꾸기로 했어요.
빨간 밑줄에게 친절하게 쪽지를 썼지요.

금세 빨간 밑줄이 나타났어요.
그런데 소해에게 답장은 하지 않고
'예기' 글자 밑에 딱 붙어 있었어요.

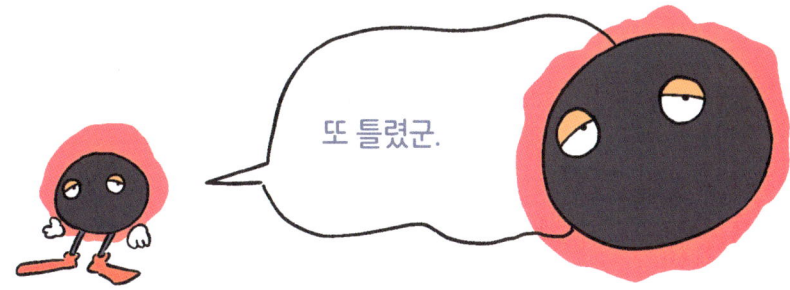

"'예기'가 무엇입니까?
알아들을 수 없습니다.
다시 쓰십시오."
"이 바보야,
이야기 좀 하자고."

빨간 밑줄은 할 이야기는
꼭 하고야 말았습니다.
"'이야기'는 '얘기'입니다.
고쳐 쓰십시오."

소해는 쪽지를 휴지통에 넣어 버렸어요.
하지만 빨간 밑줄은
톡! 튀어나와 또르르 굴러왔어요.

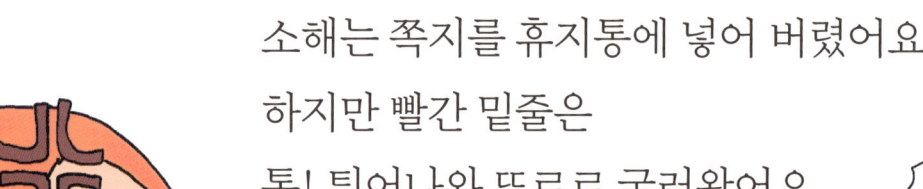

"'얘기'가 맞습니다.
다시 쓰십시오."
"싫거든!"
빨간 밑줄은 강아지처럼
소해를 졸졸
따라다녔어요.

거실을 지나고 식탁을 지나
화장실 앞까지 따라왔어요.
또르르, 또르르르,
또르르르르, 또르르르르르.
"으윽, 귀찮아."
소해는 급히 틀린 글자를
고쳤어요.

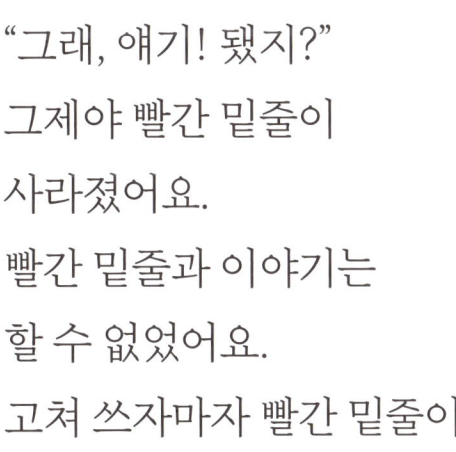

으, 정말 귀찮아.

고쳤어!
봤지?

"그래, 얘기! 됐지?"
그제야 빨간 밑줄이
사라졌어요.
빨간 밑줄과 이야기는
할 수 없었어요.
고쳐 쓰자마자 빨간 밑줄이
사라져 버렸으니까요.

엥

발음이 비슷해서 헷갈려요.

되, 돼. 얘, 예. 글자로 보면 잘 보이지?

글자로 봐도 헷갈려요. ㅠ

줄이기 전의 형태를 알면 쉬워.

줄이기 전이요?

'돼'는 '되어'를 줄인 거야.

'얘기'의 '얘'는 '이야'를 줄인 거군요! 이야~~~

'예기'가 왜 틀렸는지 알았지?

줄임말이었다니.

'지금 바로'란 뜻의 '금세'도 줄임말이야.

금세, 금새. 맨날 헷갈려요.

'금시+에'를 줄였으니 '금세'가 맞지.

줄임말을 풀어서 봐야겠군요.

어렵다면서 웰케 잘 아니, 우리 소해 ♡♡

엄마, '웰케'라뇨. '왜 이렇게'니까 '왤케'죠. 데헷.

소해는 빨간 밑줄에게 할 말을 쪽지로 미리 써 두었어요.
빨간 밑줄이 나타나자마자 줄 거예요.
"끼익!"
요란한 소리를 내며 빨간 밑줄이 또다시 나타났어요.

빨간 밑줄은 '폭팔' 밑에 있었어요.
"'폭팔'은 국어사전에 없습니다.
다시 쓰십시오."

"국어사전이라고?
그거라면 나도 알지."
소해는 엄마 책꽂이에서
국어사전을 찾아 들고 말했어요.
"'폭팔'이 아니라 '폭발'이군!"

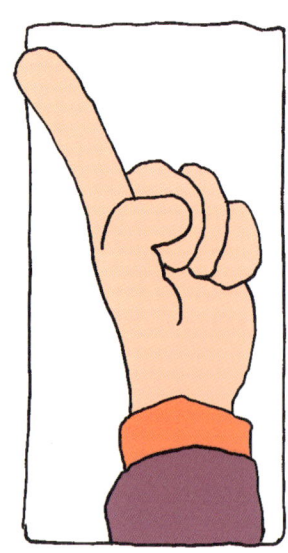

사전에는 맞춤법에 맞는 말이
다 들어 있어요.
"이제 네가 나오지 않아도 된다."
그러고는 검지를 세워
위에서 아래로 내리그었어요.
"넌 이제 끝이야!"

소해는 연우에게 줄 책을 만들려고
차분하게 다시 글을 썼어요.

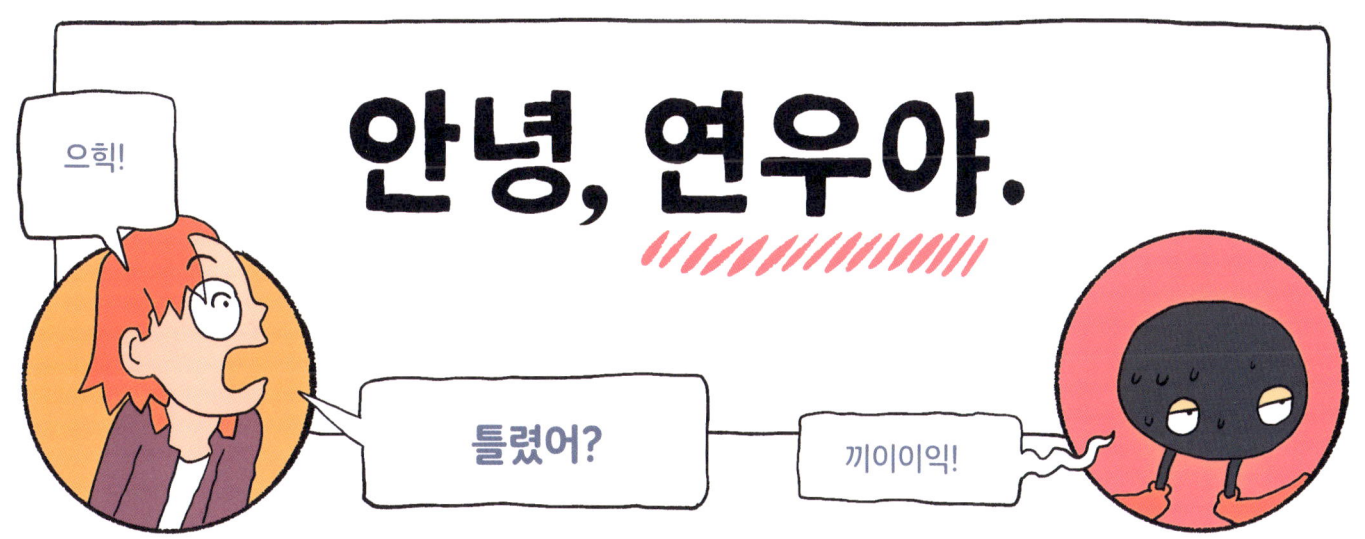

소해는 자신이 쓴 '연우'라는 글자를 보고 또 보다가 무릎을 탁 쳤어요. 그러고는 씩 웃으며 덧붙였어요.

아, 빨간 밑줄! 너 연우를 모르는구나? 내 친구는 연우가 맞아.

'연우'가

뭐지?

그래도 괜찮아. 연우는 내가 정확하게 쓸 수 있으니까! 빨간 밑줄, 넌 내 손안에 있다. 하하.

음하하 음핫핫핫
하하하하하하하하

소해야,
그만 쉬는 게 어때?

괜찮니?

톡톡

소해는 자신 있게 글을 쓰기 시작했어요.
글을 쓰는 일이 이번만큼은
지겹고 성가신 일이 아니었어요.
연우에게 줄 선물을
만드는 중이었으니까요.

빨간 밑줄은
국어사전을
따르고 있었어!

오늘은 연우 생일날입니다.
행복한 날 아침이 시작되었어요.
연우에게 손수 만든 책 선물을 줄 수 있어서
소해는 매우 기뻤답니다.
소해가 만든 책 속에는 연우와의 추억이
가득 담겼어요.
연우도 선물을 좋아하겠지요?

띵동
띵동

소해다!

이 책을 함께 읽는 어른들께

아이와 함께
국어사전 탐험을 떠나 봐요

"아이들은 모두 시인이다."

저는 이 말을 참 좋아합니다. 아이들과 만나 글쓰기를 해 보면 진짜 시인이거든요. 아이들은 어떤 말로 '시'를 썼을까요? 물으나 마나 우리가 날마다 읽고 쓰는 한글이지요.

"한글 쓸 줄 아나요?"

"네!"

"세 살에 뗐어요."

대답하는 아이들의 목소리는 힘이 넘칩니다. 당연하지요. 한국인이라면 누구나 쓸 수 있는 한글이잖아요. 영어나 한자가 아닌 한글로, 그 누구도 아닌 내 생각을 쓰는 거라면 아무 문제없을 것 같습니다. 그러나 막상 연필을 잡으면 생각처럼 쉽게 글이 써지지 않아요. 어떻게 시작할지 몰라서 머뭇댑니다. 어렵게 쓰기 시작해도 한글 맞춤법에서 딱 막히고 맙니다.

"선생님, '금세'예요, '금새'예요?"

내용이 더 중요하니까 맞춤법 같은 건 신경 쓰지 말고 먼저 써 보라고 해도 소용없습니다.

"선생님, '않'이에요, '안'이에요?"

그러다 보면 쓸 말을 잊고 진도가 나가지 않습니다. 머뭇거리다 보면 쓰기 싫어지지요.

"한글이 왜 이렇게 어려워요?"

"맞춤법 때문에 헷갈려서 못 쓰겠어요."

세상에서 가장 배우기 쉬운 한글이지만 맞춤법을 익혀야 자신 있게 글을 쓸 수 있습니다. 아이들은 맞춤법이 엉망진창인 글이 아니라 정확한 글을 쓰고 싶어 합니다. 멋진 글을 쓰고 싶어 합니다. 그걸 말리는 어른이 어디 있겠어요. 쉽고 재미있게 한글 맞춤법을 익혀 나가야지요.

● **한글 맞춤법은 기본 원칙이 있어요**

기본 원칙을 알면 배우기 쉽습니다. 원칙을 따르면 되니까요. 한글 맞춤법 제1장 총칙은 한글 표기의 기본 원칙을 밝히고 있어요.

한글 맞춤법 제1항
표준어를 소리대로 적되,
어법에 맞도록 함을 원칙으로 한다.

가장 첫 번째 등장하는 한글 표기법의 대원칙입니다. 무슨 뜻일까요? '소리대로 적'는 것은 표준어의 발음대로 적는다는 뜻입니다. 예를 들어 하늘, 구름, 바다, 나무, 먹다, 놀다, 달리다 같은 표준어(*표준어: 교양 있는 사람들이 두루 쓰는 현대 서울말로 정함을 원칙으로 한다.)를 소리 나는 대로 적으라는 거지요.

'어법에 맞도록 함'은 뜻을 파악하기 쉽도록 말의 원래 형태를 밝혀 적는다는 뜻이에요. 예를 들어 '꽃이 예뻐.'에서 '꽃이'는 [꼬치]로 발음하지만 '꽃'이라는 원래 형태를 밝혀 '꽃이'로 쓰는 거지요. '읽어'는 '일거'로 발음하지만 '읽-'이라는 원래의 형태를 밝혀 '읽어'로 쓰는 거고요.

꼬치, 꼬츨, 꼬체, 꼳빧 (X)
꽃이, 꽃을, 꽃에, 꽃밭 (O)

일거, 일꼬, 일찌, 잉는 (X)
읽어, 읽고, 읽지, 읽는 (O)

'읽다'와 같은 동사(또는 형용사)는 활용하는 방법이 많아요. 그렇다 보니 맞춤법으로 보자면 복잡하고 하나의 원칙만 따를 수는 없어요. 그래서 허용하는 범위가 넓거나 예외가 있어서 어렵게 느껴지지요. '춥다'라는 형용사를 볼까요?

춥고, 춥지 > 춥-
추워, 추우며 > 추우-

이럴 때는 '춥-'과 '추우-' 두 가지로 적게 됩니다.

한자어의 경우, 각 글자의 소리를 밝혀 적어요. 예를 들어 '국어(國語)'는 [구거]로 소리 나고, '국민(國民)'은 [궁민]으로 소리 나지요. 하지만 한자는 소리글자인 한글과 달리 '나라 국(國)', '말씀 어(語)', '백성 민(民)'처럼 글자 하나하나에 소리와 의미가 정해져 있어요. 하나의 글자가

하나의 단어인 거지요. 그래서 그 글자의 소리와 의미를 알 수 있도록 '국어', '국민'으로 적지요.

● 한글 맞춤법은 띄어쓰기 원칙이 있어요

한글 맞춤법에 띄어쓰기 원칙이 있다는 것은 무슨 뜻일까요? 그만큼 중요하다는 거지요. 한글은 가로쓰기와 세로쓰기가 모두 가능해서 활용도가 높아요. 하지만 가로로 쓰든 세로로 쓰든 띄어쓰기를 잘못하면 뜻이 완전히 달라져요.

'서울시 어머니 합창단'이 '서울 시어머니 합창단'이 되기도 하고, '할머니가 죽을 드신다'가 '할머니 가죽을 드신다'가 되기도 하지요.

한글 맞춤법 총칙 제2항은 띄어쓰기 원칙이에요.

한글 맞춤법 제2항
문장의 각 단어는 띄어 씀을 원칙으로 한다.

문장을 적을 때 단어별로 띄어 쓴다는 거지요. 여기서 단어의 주요 범주는 명사, 동사, 부사, 형용사, 관형사 등을 말해요. 이때 주의할 사항은 조사는 단어지만 앞말에 붙여 써요. 가령, '산이 높다'라는 문장은 '산, 이, 높다' 세 단어로 이루어져 있지만, 조사 '이'는 앞에 있는 명사 '산'에 붙여 쓰지요.

● 한글 맞춤법은 외래어 표기 규정이 있어요

외래어는 표기가 상당히 까다로워요. 가령 '초콜릿'만 하더라도 '초코렛, 초콜렛, 초컬릿' 등 다양하게 발음해요. 어떻게 써야 할지 혼란스럽지요. 외래어 표기법은 어떤 표기가 표준형인지 알려 줘요. 표준형을 알아 두면 쉽고 편리하게 사용할 수 있지요. 한글 맞춤법 총칙 제3항은 외래어 표기 규정입니다.

한글 맞춤법 제3항
외래어는 '외래어 표기법'에 따라 적는다.

그럼 외래어 표기법은 어디서 찾을까요? 바로 국어사전이지요. 국어사전은 한글 맞춤법을 익히는 가장 좋은 스승이에요. 뜻과 표준어는 물론이고, 띄어쓰기, 외래어, 비슷한말, 반대말, 예시 문장까지 자세하게 나와 있지요.

● **국어사전을 활용해 보아요!**

나는 글쓰기가 재미있지만
또 '빨간 줄'이 나올까 봐
신경이 곤두섰다.
머 때문에 자꾸 나오는 걸까?

글쓰기 수업에서 만난 친구가 쓴 글입니다. 컴퓨터를 켜고 한글 프로그램에 글을 쓰다가 자신이 쓴 글자 밑에 빨간 줄이 나타나자 놀란 마음을 표현한 대목입니다. '머(무엇)' 때문에 자꾸 나오는지 불안하고 궁금한 마음을 솔직하게 표현했지요. 작은 것 하나도 놓치지 않고 세밀하게 관찰한 태도가 참 좋습니다.

한편으로는 글을 쓰는 데 방해되는 게 정말 많구나 싶었습니다. 맞춤법도 그중 하나지요. 알고 보면 한글 맞춤법은 글쓰기에 큰 도움을 주고 소통을 원활하게 해 주지만, 모르면 걸림돌이 되

고 편하게 글을 써 나갈 수 없게 만들어요. 글쓰기를 머뭇거리게 하고 자신 없게 만들지요. 어떻게 하면 좋을까요? 당연히 맞춤법을 공부하면 되지요.

　한글 프로그램의 빨간 밑줄 역시 맞춤법을 정확히 쓰기 위해 만든 기능이에요. 그런데 그 기능을 제대로 알지 못하니까 걱정이 앞섰던 거지요. 한글 맞춤법처럼 정확한 기록과 소통을 위해 만들었지만, 오히려 방해가 되었던 거예요. 저는 이런 문제를 함께 해결해 보고 싶었어요. 맞춤법의 소중함도 알려 주고요.

　이 책에 등장하는 빨간 밑줄은 그렇게 탄생했어요. 자신이 쓴 글자 밑에 빨간 밑줄이 나타나자, '뭐지?' 했던 어린이의 궁금증이 새로운 캐릭터를 만들어 낸 거지요.

　어린이들은 세상 모든 것이 궁금합니다. 날마다 쓰는 한글은 말할 것도 없지요. 아이들이 헷갈리는 글자를 묻고 띄어쓰기를 물을 때 어떻게 하면 좋을까요? 조금은 귀찮더라도 함께 국어사전을 찾아보는 것이 가장 좋은 방법입니다. 찾다 보면 재미있고, 재미있으면 또 찾게 되지요. 덕분에 우리말 실력은 쑥쑥 자라나고요. 아이와 함께 국어사전 탐험을 떠나 보세요. 소중한 우리말 보물이 기다리고 있답니다.

추천사

빨간 밑줄을 이기는 절대무기, 국어사전!
언제나 여러분을 기다리고 있습니다

"한글 맞춤법은 왜 그렇게 어려워요?"라고 묻는 사람에게 저는 이렇게 답합니다.
"국어사전 찾는 습관을 들이세요."라고요.
맞춤법이 어렵다는데 웬 국어사전이냐고요?
한글 맞춤법은 원칙일 뿐이지만, 그 원칙에 따른 구체적인 사용 지침은
국어사전에서 확인할 수 있기 때문이죠.
그러니 맞춤법 원칙을 전해 주고자 하는 어린이책에서
'빨간 밑줄'과 국어사전을 호출하는 작가의 발상이 무척 반가웠습니다.

주인공 소해와 빨간 밑줄의 신경전은 긴장감을 불러일으킵니다.
장면이 바뀔 때마다 "소해가 빨간 밑줄을 어떻게 이겨 낼까?"라는 궁금증과
"소해가 빨간 밑줄과 원수가 되면 안 되는데."라는 걱정이 교차했으니까요.
다행히 궁금증은 확신이, 걱정은 기대가 되었습니다.
소해가 빨간 밑줄과 국어사전의 관계를 깨달으며 절대무기를 손에 쥐었으니까요.
그 절대무기는 지금 여러분 가까이에도 있군요.

_ **최경봉**(원광대학교 국어국문학과 교수, 《한글 민주주의》 저자)